이화여자대학교 이화어린이연구원 총서 5

영유아교육기관에서
좋은 사진 찍기

| 이화여자대학교 이화어린이연구원 편 |

도서출판 파란마음

머리말

교사로서 현장에서 근무를 하다 보면 영유아의 생각이나 느낌, 그 표현들에 놀라게 될 때가 많습니다. 그 때마다 찾게 되는 것이 바로 카메라! 순간의 분위기, 영유아의 표정을 담기에 이보다 좋은 것이 있을까요?

영유아교육기관에서 교사가 카메라를 들고 영유아의 사진을 찍는 모습은 더 이상 낯선 모습이 아닙니다. 교사는 다양한 학습 활동을 진행하는 동안 영유아의 놀이를 관찰하거나 참여하기도 하며 다양한 모습을 사진 속에 담습니다. 그러나 교사가 사진 속에 담아야 하는 모습은 그저 예쁘고 즐거운 모습만이 아닙니다. 영유아의 예쁘고 즐거운 모습을 담은 사진이라면 이미 부모에게도 많기 때문에 우리는 좀 더 교사다운, 교사의 사진을 찍어야 합니다.

교사는 교육 현장에서 목표를 가지고 교육 활동을 실행합니다. 교사의 사진은 교육 활동이 실행되는 교육 현장에서 촬영되기 때문에 교사가 의도한 교육 현장의 모습을 담게 됩니다. 그러므로 교사의 의도와 교육 활동의 과정 속에 참여하고 있는 영유아의 반응을 사진에 담게 되는 것입니다.

영유아의 언어는 성인의 언어만큼 풍부하지 않은 대신 더욱 자유로운 표정과 행동으로 나타납니다. 교육 활동 속에서 가지게 되는 호기심, 발견에 대한 기쁨, 탐구에 대한 몰입과 같은 의미 있는 순간에 나타나는 영유아의 표정과 행동을 포착하고 기록할 수 있는 것은 오직 교사만이 할 수 있는 일입니다. 그렇기 때문에 한 장의 사진 속에 이러한 의미 있는 모습을 효과적으로 담을 수 있다면 교사로서 정말 '좋은 사진'을 찍었다고 할 수 있을 것입니다.

그러나 의미 있는 순간을 찾으며 무턱대고 사진을 찍다 보면 사진이라는 편리함에 대한 역풍을 맞기도 합니다. 수십, 수 백 장에 달하는 사진을 살펴보고 그 중에 '좋은 사진'을 찾아서 정리하는 작업이 다시 고스란히 교사에게 업무로 돌아오는 것입니다.

이 책에서는 이러한 역풍을 최소화시키고자 많은 사진 중에서 몇 개의 좋은 사진을 찾기보다는 사진을 찍는 순간에 이미 '좋은 사진'을 찍을 수 있게 하는 간단한 요령과 교사로서 이를 활용할 수 있는 간단한 팁을 제공하고자 합니다.

그리하여 이 책을 모두 읽고 난 후 무턱대고 많은 사진을 찍기보다는 몇 가지 요령으로 좀 더 효율적인 사진 찍기를 할 수 있게 되기를 기대합니다. 이 책을 만드는 과정에서 사진 찍는 순간에 교사가 가진 의도와 교육 활동을 진행하는 과정에서의 교육적 의도를 함께 나누고 고민해 준 이화어린이연구원 선생님들께 감사드립니다.

이화어린이연구원을 대표하여
원장 김희진

제1장

좋은 사진 찍기

좋은 사진 찍기

사진은 현대인의 삶과 매우 밀접한 관계를 가지고 있다. 사진은 순간을 기억하기 위해 사용하는 매체가 되기도 하지만 현장에 있지 않았던 사람에게 현장의 모습을 매우 생생하게 전달하는 역할을 하기도 한다. 따라서 교육 현장의 모습을 담은 사진은 교육 현장을 기록하는 동시에 다른 이에게 이 현장의 모습을 전달하는 매개체가 된다.

사진을 찍고 인화를 하던 예전과는 달리 필름 대신에 이미지를 디지털화시켜 주는 장치가 개발되면서 필름 없이 찍는 디지털 카메라(이하 디카)가 널리 보급되었다. 그 중에서도 특히 '똑딱이'라고도 불리는 콤팩트 카메라가 많이 보급되었으며, 크기가 작고 가벼워 휴대가 간편하고 사진에 대하여 잘 알지 못하더라도 누구나 사진을 쉽게 찍을 수 있어 큰 사랑을 받고 있다.

그러나 사진을 쉽게 찍을 수 있다고 해서 누구나 좋은 사진을 찍을 수 있는 것은 아니다. 특히 좋은 사진을 찍기 위해 무턱대고 사진을 찍다 보면 많은 양의 사진 중에서 좋은 사진을 고르느라 더 많은 시간을 컴퓨터 앞에서 허비하게 된다.

따라서 '제1장'에서는 좋은 사진을 찍기 위한 다음의 몇 가지를 소개할 예정이다. 이 사항에 대해 인식하고 적용할 수 있다면 같은 양의 사진을 찍더라도 유용하게 사용할 수 있는 사진의 비중이 좀 더 높아질 것이다.

빛 틀 각 줌 인물 내용

빛

위의 두 사진은 분명 같은 날, 같은 교실에서 찍은 사진이다. 그런데 두 사진의 밝기는 현저히 차이가 난다. 왜 그럴까?

사진은 빛을 이미지화시킨 결과물이다. 디카는 먼저 측광 센서를 통해 사진에 담고자 하는 장면의 빛이 어느 정도인지 측정한다. 측정된 빛의 양을 바탕으로 장면을 잘 표현할 수 있는 정도의 밝기를 판단하여 이를 이미지화하기 때문에 빛이 많은 곳일수록 좋은 사진을 찍기가 유리하다. 찍고자 하는 대상이 빛을 많이 받을 수 있도록 빛을 마주보게 한 상태에서 사진을 찍어보자. 대상의 모습이 훨씬 잘 나타날 것이다. 또한 찍고자 하는 대상에 초점을 맞추면 대상을 중심으로 광량을 측정하기 때문에 오른쪽의 사진과 같은 시행착오를 겪을 확률이 낮아진다.

Tip. 빛의 방향 파악

사진은 '빛'을 담는 것이기 때문에 대상이 빛을 바라보는 상태에서 찍는 것이 가장 좋다. 그러나 여러 가지 상황 때문에 대상이 빛을 등지게 된다면 아래와 같은 '역광 사진(대상의 뒤에서 빛이 비쳐서 인물이 까맣게 나오는 사진)'이 찍히게 된다. 불가피하게 대상이 빛을 등지고 있다면 찍고자 하는 대상에 초점을 맞추어 보자. 배경이 비교적 밝게 나와 하얗게 보일 수도 있겠지만 적어도 인물의 모습을 담을 수는 있다.

Tip. 반셔터 기능의 활용

디카의 셔터를 누를 때 한 번에 누르지 않고 절반 정도만 누르면 일반적으로 '삐빅' 소리와 함께 초점을 잡는 소리가 들린다. 원하는 곳에 초점을 맞춘 후 밝기를 결정하고 카메라를 움직여 구도를 잡는 것도 한 가지 방법이다. 최근에는 터치스크린 기능이 추가되어 화면에서 원하는 부위를 터치하여 초점을 잡을 수 있는 제품이 나오기도 한다.

틀

아래의 두 사진은 모두 대집단 활동 모습을 찍은 사진이다. 그러나 묘하게 두 사진이 주는 느낌이 다르다. 왜 이런 차이가 나는 것일까?

사진이 편안하게 느껴지지 않는다면 구도에 그 이유가 있을 가능성이 크다. 급하게 순간 포착을 하느라 혹은 사진을 찍으며 멋스럽게 손목을 꺾어 기울어진 사진을 찍었지만 사진은 결국 네모난 틀 안에 있기 때문에 기울어진 구도는 불안한 느낌을 주게 된다. 사진에서 수평 혹은 수직 구도는 보는 이로 하여금 안정감을 느끼게 하는 가장 기본 요소이기 때문에 이 부분만 신경 써도 활용할 수 있는 사진은 훨씬 늘어난다.

Tip. 보조선의 활용

찍기 모드가 활성화된 상태에서 디지털 카메라의 'Display(disp.)' 버튼을 눌러보면 아래 그림과 같은 보조선이 나타난다. 사진에는 표시되지 않지만 수직 혹은 수평을 맞추는 데 있어 기준으로 활용할 수 있으며, 사물이나 인물의 구도를 잡을 때도 유용하다. 사진에서 이 선에 대상이 오도록 구도를 잡거나 이 선을 수평 혹은 수직의 기준으로 삼으면 안정된 구도의 사진을 찍는데 도움이 된다.

그렇다면 이전 페이지의 사진을 위 틀에 맞추어 보자. 왼쪽의 사진은 교사와 유아의 대형이 기준선에 걸쳐 있고, 가운데 기둥이 수직으로 배치되어 안정된 느낌을 주는 반면, 오른쪽의 사진은 왼쪽과 같이 둥글게 바닥에 앉아 있는 듯하지만 중앙의 교실 바닥선과 창틀이 비스듬히 자리 잡고 있어 기울어진 느낌을 준다.

각

영유아의 활동 사진을 살펴보다 보면 유아의 뒤통수 혹은 정수리만 찍힌 사진을 심심치 않게 보았을 것이다. 이는 교사가 자신의 시점에서 사진을 찍으려 하는 행동이 무의식적으로 작용하기 때문이다. 교사는 성인이기 때문에 유아의 눈높이보다 훨씬 높은 시점에서 이들을 바라보게 된다. 정수리나 뒤통수가 아닌 유아의 표정을 담고 싶다면 유아와 같은 높이의 시선에서 사진을 찍어보자. 훨씬 풍부한 영유아의 표정을 담을 수 있을 것이다.

▲ 성인의 눈높이에서 찍은 사진

▼ 유아의 눈높이에서 찍은 사진

Tip. 다양한 각도의 활용

항상 유아의 눈높이에서 찍은 사진이 좋은 것만은 아니다. 사진의 목적에 따라 다양한 각도를 활용하면 더욱 풍부한 사진을 찍을 수 있다.

▲ 아래에서 위로 찍은 사진
집중하고 있는 유아의 표정을 담기 좋다.

▲ 위에서 아래로 찍은 사진
활동 전체의 모습을 담기 좋다.

▲ 좀 더 위에서 아래로 찍은 사진
상단을 향한 유아의 모습을 담기 좋다.

줌

멀리 있는 대상도 가까이 있는 것처럼 렌즈의 거리를 조절하는 줌 기능은 대부분의 디지털 카메라에서 사랑 받는 기능이기도 하다. 물론 디지털 카메라의 이 기능을 활용하는 것도 좋은 방법일 수 있겠으나, 여기서는 '부분과 전체'로 이해하는 것이 맥락에 좀 더 적합할 것이다. 거리를 두고 찍는 사진의 경우는 전체의 모습을 담아 전체적인 상황을 기록하는 데 용이하고, 가까이서 찍는 사진의 경우는 영유아의 표정이나 행동 등 구체적인 모습을 기록하는 데 용이하다. 사진을 찍는 목적에 따라 거리를 달리하며 부분과 전체의 모습을 담아보자.

OUT

▲ 거리를 두고 찍은 사진. 활동 전체의 모습이 보인다.

IN

▲ 가까이에서 찍은 사진. 개별 활동 모습이 보인다.

Tip. 편집(자르기)의 활용

한 장면 안에 너무 많은 사람이 찍히거나 너무 멀리서 찍어 배경의 비중이 너무 큰 경우나 장면에 너무 많은 정보가 있는 경우, 불필요한 부분을 잘라내면 줌을 당겨 찍은 사진과 같은 효과를 낼 수 있다. 편집 방법의 경우는 '제3장'을 참고하자.

Tip. 사진 크기의 활용

사진을 활용할 때 사진의 크기를 조절하는 것도 부분과 전체를 나타나게 하는 데 도움을 줄 수 있다. 크고 작은 사진은 보는 이로 하여금 카메라의 줌을 당기는 듯한 느낌을 줄 수 있다.

인물

지금까지 언급한 네 가지(빛, 틀, 각, 줌)가 일반적인 사진 찍기에서 중요한 요소라면, 지금부터 언급되는 인물과 내용, 이 두 가지는 '교육기관에서의 사진'이기에 중요한 요소라 할 수 있다.

교육 현장에서 찍는 사진의 대부분은 인물이 포함된다. 일반적으로 영유아 혹은 교사가 그 대상이 될 것인데, 특히 활동 중의 사진을 찍을 때 그 대상을 누구에게 맞추는가에 따라 다른 상황이 나올 수 있다. 아래의 사진은 모두 같은 동극 상황을 촬영한 것이지만, 유아만 포함한 경우와 교사가 함께 포함된 각각의 경우이다. 유아만을 대상으로 한 경우는 유아의 행동이나 표정이 잘 드러나며 유아의 주도적인 모습이 잘 드러난다. 반면 교사와 유아를 함께 포함한 경우는 활동의 진행 과정에서 교사가 어떤 도움을 주는지, 어떠한 역할을 하고 있는지, 어떤 상호작용을 하고 있는지 등이 드러난다.

▲ 유아만 포함된 동극 사진

▼ 교사와 유아가 모두 포함된 동극 사진

Tip. 인물의 유무 결정

사진에 반드시 인물이 필요한 것은 아니다. 영유아의 놀이 및 교육 활동 사진의 경우에는 인물이 포함되지만, 활동 결과물을 기록하거나 전체 모습을 기록할 경우는 굳이 인물과 함께 촬영할 필요는 없다. 다음 사진의 예시를 참고하여 인물의 유무에 따른 차이를 느껴보기 바란다.

내용

하루 동안 찍은 수많은 사진 속에서 의미 있는 사진을 골라내는 것은 결코 쉬운 일이 아니다. 때문에 의미 없이 많은 사진을 찍어 놓고 그 중에 의미 있는 사진을 찾기보다는 찍기 전부터 어떠한 사진을 찍을 것인가에 대한 생각을 한 번 거친다면 사진을 골라내는 과정이 조금은 더 수월해질 것이다. 사진에 어떤 내용을 담는가는 매우 중요하다. 특히 사진에는 찰나의 순간이 찍히는 만큼 찍을 내용에 대해 미리 생각해 두면 우연히 포착된 순간 외에도 흐름이 있는 사진을 찍을 수 있다.

Tip. 영유아의 흥미 포착하기

영유아의 몰입, 즐거움 혹은 호기심 등 영유아의 흥미가 나타나는 순간을 포착하면 추가 설명 없이도 영유아의 상태를 충분히 설명할 수 있다.

Tip. 단계별 사진 찍기

모든 활동에는 처음과 중간과 끝이 있다. 각 단계별 흐름이 나타나도록 찍은 사진은 추후에 활동이 어떠한 흐름으로 진행되었는지 알 수 있는 귀중한 자료가 된다(자세한 내용은 '제2장'을 참고한다.).

<상자에 큰 그림 그리기>

❶ 자신의 생각을 그림으로 나타내기
: 유아가 커다란 상자에 밑그림을 그리고 있다.

❷ 적합한 그리기 도구에 대한 고민하기
: 유아가 상자에 그린 밑그림에 색연필로 채색하지만 한계를 느끼게 되었다.

❸ 적합한 그리기 도구로 채색하기
: 교사의 지원을 받아 물감으로 채색하고 있다.

지금까지 소개한 요소들을 사진 찍기 전에 한 번쯤 생각해 본다면 이전에 비해 좋은 사진을 찍는 비율이 높아질 것이다. 비록 처음에는 너무 많은 요소를 고려해야 하는 것처럼 생각될지 모르겠으나 여러 차례 반복하다 보면 의식하지 않아도 자연스럽게 좋은 사진을 찍는 자신을 발견할 수 있을 것이다.

Tip. '좋은 사진' 찍기 요소를 기억하는 방법

지금까지 언급한 6가지 요소를 사진을 찍는 매 순간마다 기억해내는 것이 쉽지 않을 것이다. 빛, 틀, 각, 줌, 인물, 내용의 앞 글자를 따서 '빛틀각줌인내'로 기억해 보자. 훨씬 쉽게 기억될 것이다.

제2장

목적에 따른 좋은 사진 찍기

목적에 따른 좋은 사진 찍기

하루 동안 교사가 찍게 되는 무수히 많은 사진의 대부분은 물론 교육 활동을 기록하기 위해 촬영하는 사진이겠지만, 그렇지 않은 사진도 있다. 교사는 한 학급의 교사이기 이전에 한 기관에 소속되어 있기도 하므로 기관 및 학급의 모습을 기록하여 역사로서의 사진을 남기기도 하고, 부모와 긴밀한 관계를 맺고 있기도 하므로 영유아가 기관에서 잘 지내는 모습을 찍어 보여줌으로써 그들을 안심시키기도 한다.

따라서 교사의 사진은 크게 '교육 활동 사진', '환경 사진', '개별 영유아 사진'으로 구분할 수 있다. 각 사진의 목적과 내용을 나열하면 다음 표와 같다.

구분	교육 활동 사진	환경 사진	개별 영유아 사진
목적	교육과정 기록	역사 기록 참고 자료	학부모의 불안한 심리를 인정 학부모의 기대 충족
내용	대 · 소집단 활동 자유 선택 활동	학급 및 기관 환경 행사 현장	영유아의 활동 모습

위 표에 제시한 것처럼, 각 사진은 목적에 따라 드러나야 하는 요소도 다르기 때문에 좋은 사진의 기준 역시 달라진다. '제1장'에서 소개된 요소를 바탕으로 목적에 따라 어떠한 요소가 더욱 강조되는지를 살펴보면 다음과 같다.

구분	교육 활동 사진	환경 사진	개별 영유아 사진
요소	내용 줌(부분/전체) 인물	줌(부분/전체)	인물 내용 각

이제부터 '제1장'에서 다루었던 '빛틀각줌인내' 요소가 목적에 따라 어떻게 적용되었는지 살펴보고자 한다. 소개한 사례를 살펴보면서 좋은 사진 찍기를 좀 더 쉽게 느끼고 실제로도 적용해 보길 바란다.

교육 활동

교육 활동 사진은 활동 과정에 대한 기록을 남기는 가장 간단한 방법이다. 옛말에 '백문불여일견(百聞不如一見)'이라는 말이 있듯이, 교육 현장의 모습을 글로만 기록하는 것보다 한 장의 사진으로 남겨두는 것이 훨씬 효과적일 수도 있다. 사진이라는 매체 특성상 그 어떤 기록보다도 더욱 생생하고 정확하게 기록할 수 있기 때문이다.

교육 활동의 기록은 교사가 계획한 활동이나 우연히 발생한 사건을 기록하는 것에서 시작한다. 이후 활동의 전개를 통해 교사가 영유아의 흥미를 어떻게 이끌어 내는지, 영유아의 흥미가 어떻게 확장되는지 사진을 통해 기록해 나가는 것이다. 그렇기에 교육 활동 사진은 한 기관의, 학급의, 교사의, 영유아의 역사가 된다.

그렇다면 교육 활동을 효과적으로 기록하는 요령에 대해 알아보자. '제1장'에서 소개한 다양한 좋은 사진 찍기의 요소 가운데에서도 교육 활동의 경우는 특히 '내용'이 강조되어야 할 것이다. 내용에서 제시한 두 가지 Tip인 '흥미 포착하기'와 '단계별 찍기'만 기억해도 좋은 교육 활동 사진을 찍을 수 있다.

Case. 영아 교육 활동: 신문지 탐색

영아의 경우는 언어적 표현능력이 아직 미숙하다. 대신 표정이나 행동에서 영아의 호기심과 흥미를 발견할 수 있다. 이러한 표정이나 행동에 대한 순간을 포착한다면 훌륭한 교육 활동 사진이 될 것이다.

지금부터 소개할 활동은 만 2세 학급의 신문지 탐색 활동을 기록한 사진이다. 신문지는 영아가 가정에서도 쉽게 접할 수 있는 소재이며 지나치게 두껍지도 않고 질기거나 날카롭지 않아 영아가 다루기에도 무리가 없다. 또한 기사와 함께 제공된 사진 속의 다양한 사람들, 광고 속의 다양한 상품은 일상에서도 흔히 볼 수 있는 것들이어서 영아의 흥미를 이끌어 낼 수 있다.

'제1장'에서 다루었던 내용 중 '내용-흥미 포착하기/단계별 찍기'를 기억하며 살펴보길 바란다. 물론 그 외에도 '빛틀각줌인내'의 요소를 찾아보며 살펴보는 것도 무척 흥미로울 것이다.

1 관심의 시작

아침 등원 길에 한 영아가 들고 온 신문으로 학급의 많은 영아가 신문에 관심을 가지기 시작하였다. 교사는 영아의 흥미를 발견하고 신문에서 그림을 찾으며 영아의 흥미를 지원하였다.

▲▶ 영아가 신문의 그림에 관심을 보이고 있다.

ㄴ 위쪽에서 바라보는 각도로 촬영하여 많은 영아가 신문을 관심 있게 살펴보는 모습을 포착하였다.

ㅁ 불안정하게 찍혔지만, 사진을 회전하여 안정된 구도와 같이 느낄 수 있도록 하는 동시에 비틀린 각은 보는 이로 하여금 재미를 느끼게 하였다.

2 탐구

신문지에 관심을 가지게 된 영아는 적극적으로 신문지를 탐색하고자 하였다. 교사는 신문지 구기기, 뭉치기, 찢기 등 다양한 방법으로 신문지를 탐색할 수 있는 기회를 제공하였다. 그리하여 영아의 흥미를 통해 신문지의 특성에 대해 알아가는 다양한 탐구가 일어나도록 하였다.

영아의 표정을 포착하여 영아의 몰입, 기분을 사진 속에 담았다.

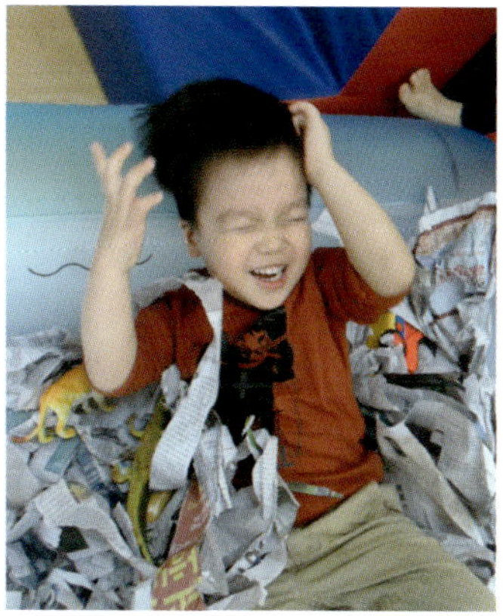

▲ 왼쪽 위부터 시계 방향으로 신문지 찢기, 구기기, 숨기고 찾기, 신문지 수영장 놀이, 숨바꼭질, 신문지 옷 입어보기 등 다양한 신문지 탐색 활동을 하고 있다.

3 탐구의 확장 1

교사는 신문지의 다양한 성질 및 특성에 대해 충분한 탐색 기회를 제공하고 난 뒤 신문지의 상태를 변화시켜 탐구해 볼 수 있도록 하였다.

▲ 영아가 찢은 신문지 위로 물을 붓고 있다.

영아가 탐색하는 전체의 모습과 탐색하는 영아를 각각 촬영하여 전체와 부분 모두의 모습을 담았다.

▲ 젖은 신문지를 들어 올려 떨어지는 물을 관찰하고 있다.

4 탐구의 확장 2

물에 젖은 신문에서 떨어지는 물에 관심을 보인 영아를 발견하고 교사는 이를 체에 걸러보게 하였다. 영아는 물에 젖은 신문지를 체에 담았을 때 신문지는 나오지 않고 물만 떨어진다는 사실을 발견하였다.

▲ 물에 젖은 신문지를 체에 거르고 있다.

다양한 각도에서 촬영함으로써 영아의 실제 활동이 잘 드러나도록 하였다.

Case. 유아 교육 활동: 액션페인팅

유아는 영아에 비해 좀 더 복합적이고 추상적인 사고가 가능해진다. 따라서 영아의 수준보다 더욱 탐구의 깊이가 깊어지고 확장 가능성이 커지게 되어 다양한 활동을 시도해 볼 수 있다.

지금부터 소개하는 활동은 '액션페인팅'으로 성인에게도 다소 낯선 예술 활동이다. 액션페인팅은 완성된 그림보다 '그린다'라는 행동을 보여주고자 하는 활동으로, 표현하는 과정에 예술적인 의미를 두는 예술 활동이다. 지금부터 만 5세 유아의 액션페인팅을 살펴보자. 앞서 소개된 영아 교육 활동과 마찬가지로 '제1장'에서 다루었던 내용 중 '내용-흥미 포착하기/단계별 찍기'를 기억하며 살펴보길 바란다.

1 관심의 시작

봄이 되고 만 5세 학급에 진급하며 유아는 기관에서 가장 '형님'이 되었다. 유아는 형님이 되어서 이전과는 달리 물감을 교사의 도움 없이도 자유롭게 쓸 수 있다는 것에 무척 기뻐했다. 실제로도 유아의 물감 사용 빈도가 매우 높았다.

반면, 물감 활동에 관심을 많지만 막상 그림을 그릴 때는 자신 없는 모습을 보이는 유아도 있었다. 그래서 교사는 물감 사용을 즐기는 유아와 그림에 자신 없는 유아 모두를 위한 활동이 필요하다고 생각하게 되었다.

여러 유아와 유아의 행동이 드러나도록 촬영하여 물감 사용에 대한 유아의 흥미가 담기도록 하였다.

2 탐구

활동을 하기에 앞서 교사는 잭슨 폴락의 작품과 작품을 제작하는 화가의 퍼포먼스 동영상을 함께 감상하였다. 유아는 자리에 앉아서 그림을 그리지 않고 춤을 추듯 움직이고 마치 '그림을 망치는 것처럼' 물감을 뿌리고 쏟는 모습을 흥미롭게 생각했다. 유아는 동영상 속의 작가를 모방하고 싶어 하였고, 작품 완성에 대한 자신감도 보였다. 교사는 다양한 색의 물감과 도구를 제시하고 개입을 최소화하여 유아가 색과 도구를 다양한 방법으로 사용해 볼 수 있도록 하였다.

▲ 잭슨 폴락의 퍼포먼스 동영상을 감상하고 있다.

밝은 스크린 대신 유아에 초점을 맞추어 전체적으로 밝게 찍히도록 하였다.

▲▶ 액션페인팅에 참여하는 유아의 모습

서로 다른 각도에서 촬영하여 활동하는 유아의 모습과 활동 전반이 이루어지는 모습을 모두 담았다.

인물이 없이 작품 사진을 따로 찍어 활동 결과물을 활용할 수 있도록 하였다.

▼ 액션페인팅 결과물

3 탐구의 확장 1

유아는 완성된 액션페인팅 작품을 전시하고 싶어 했다. 작품의 크기나 관람 편의 등 다양한 점을 고려해 전시 장소를 정했다. 유아는 주도적으로 투표를 통해 직접 전시회의 이름을 정하고, 포스터와 티켓을 만들어 동생들을 초대하였다. 관람 시에는 검표와 작품에 대한 해설을 맡는 도슨트 역할도 수행했다.

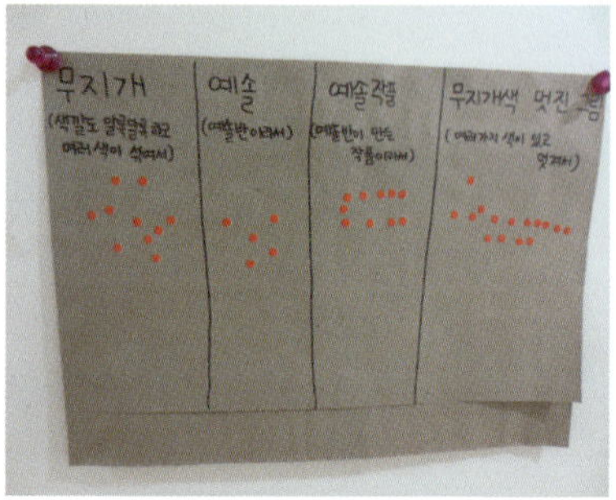

▲ 왼쪽부터 전시회 이름 투표, 투표하는 유아, 전시회 이름을 적은 칠판, 간판을 만드는 유아
▼ 왼쪽부터 포스터 만들기, 티켓 만들기, 램프에서 전시된 작품을 설명하는 도슨트의 모습들

각 활동의 내용을 때때로 기록하면 활동 전반의 흐름을 파악하기가 용이하다.

4 탐구의 확장 2

액션페인팅 전시회가 끝난 뒤 작품을 어떻게 할지 이야기를 나누었다. 그 결과 원작은 보관하고 작품의 사진을 찍어 액자나 카드로 만들어 판매하자는 의견이 나왔다. 유아의 의견대로 가게를 준비하며 가게 이름 정하기, 가게의 장소 정하기, 가게에 필요한 물건 생각해보고 구성하기, 가게 홍보 방법 생각해보기, 가격 정하기 및 수익금 사용처 정하기 등의 활동을 거쳐 드디어 가게를 열게 되었다.

유아들의 작품은 많은 관심 속에서 성공적으로 판매를 마쳤다. 수익금은 계획한 대로 지진으로 고통 받는 네팔의 어린이를 위한 후원금으로 사용되었다.

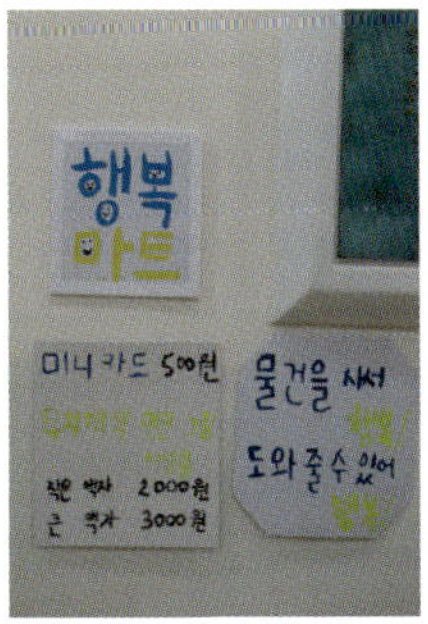

▲ 유아가 직접 '행복 마트'를 준비하는 과정. 간판과 가격표를 만들고 매대를 준비하고 상품을 진열하고 있다.

▶ 학부모뿐만 아니라 동생들에게도 많은 관심을 받았다. 수익금 10만 2천 원은 지진으로 고통 받는 네팔 어린이를 위한 후원금으로 사용되었다.

환경

환경 사진의 경우는 현재의 상황을 기록하는 목적도 있겠지만, 대부분 다음에 이를 활용하기 위한 목적으로 찍어두곤 한다. 교실 사진의 경우는 현재에 대한 기록과 동시에 다음에 교실을 사용하는 다른 교사에게 참고로 활용될 수 있다. 또한 행사 사진의 경우는 다음 행사 혹은 유사한 행사를 준비하는 데 있어 어떻게 하면 되는지를 참고할 수 있는 자료가 되기 때문에 다른 사람도 사진을 보고 현재의 모습을 떠올릴 수 있도록 찍는다.

'제1장'의 다양한 요소 중에서 '줌(부분과 전체)'이 가장 중요한 요소로 작용한다. 다음 사례를 통해 어떻게 적용되는지 확인해 보자.

Case. 교실

교실 전체, 영역, 영역 내로 점점 범위를 좁혀가며 사진을 찍어보자. 보는 이로 하여금 점점 다가가서 자세히 보는 느낌을 준다.

Case. 행사

행사의 경우에는 인물을 제외하고 찍은 준비 사진뿐만 아니라, 현장의 분위기도 함께 담는 것이 중요하다. 또한 인물의 배치 등도 함께 기록해 둔다면 참고 자료로서 훌륭히 사용될 수 있다.

▲ 교사용 책상 준비 모습

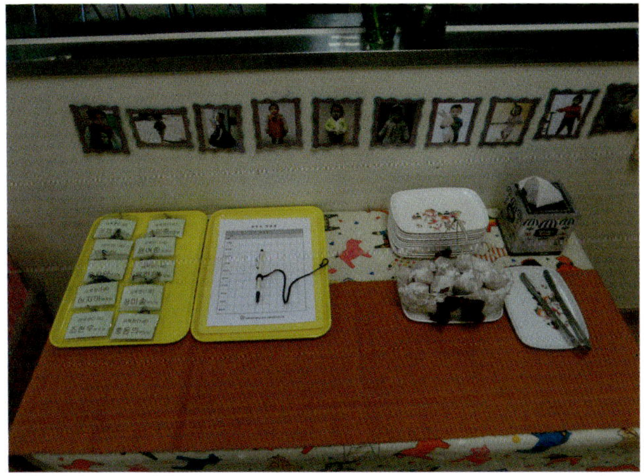

▲ 방명록 및 간식 준비 모습

▲ 준비된 교실 모습

▲ 실제 행사 진행 모습

개별 영유아

최근 부모에게 기관에서 촬영한 사진을 보내주는 사례가 늘어나고 있다. 부모에게 보내는 사진의 경우는 교육 내용과 자녀가 성장하고 학습하는 모습이 잘 전달되면 가장 좋겠지만, 영유아의 즐겁고 행복한 모습만으로도 영유아의 기관생활에 대한 불안한 마음을 안심시킬 수 있다. 때문에 영유아의 인물에 좀 더 중점을 두게 되는 것이 사실이기도 하다.

그러나 교사가 찍는 사진이니만큼 '기관에서의 사진'이기에 담을 수 있는 모습을 담아보는 것이 좋겠다. 영유아 혼자가 아니라 또래와 함께 하고 있다거나, 영유아가 무엇을 하고 있는지, 집중을 하고 있는지, 즐거운지 등이 사진에 포함된다면 더욱 좋은 사진이 될 것이다.

제3장

사진 편집하기

사진 편집하기

사진을 찍은 후 사진이 너무 어둡게 나왔거나, 불필요한 것이 너무 많이 나왔거나, 부분을 보이지 않게 처리하고 싶거나, 크기를 줄이는 등 사진에 변형을 가하고 싶을 경우에 간단한 편집으로 원하는 효과를 얻을 수 있다. 특히 최근에는 쉽고 빠르게 사진을 편집할 수 있는 프로그램이 다양하게 개발되어 전문가가 아니더라도 간단하게 사진을 편집할 수 있게 되었다.

그 중에서도 가장 많이 사용되는 몇 가지 프로그램 위주로 편집 방법을 소개하고자 한다. 비록 프로그램 학습용 서적 만큼은 아니겠지만, 현장에서 많이 사용하는 기능을 우선으로 소개하였다. 차근차근 따라 해보며 이미지 편집을 시도 해보자.

이미지 편집 프로그램

포토스케이프(PhotoScape)

이 프로그램은 인터넷에서 무료로 다운받을 수 있는 프로그램으로 간단하게 사진을 편집할 수 있다는 장점을 가지고 있다. 이미지 수정, 크기 변환, 사진틀 삽입, 움직이는 이미지 만들기 등 다양한 기능을 가지고 있다.

그중에서 가장 대표적으로 활용 가능한 몇 가지 기능을 소개하고자 한다.

1 자르기

너무 멀리서 찍어서 배경의 비중이 너무 크거나 한쪽으로 치우쳐져 일부를 삭제하고자 할 때, 사진의 가장자리를 삭제함으로써 대상을 돋보이게 할 수 있다. 이러한 이미지 자르기는 보는 이로 하여금 내용에 집중할 수 있게 하는 효과가 있다.

❶ 상단의 메뉴에서 사진편집을 선택한다.
❷ 탐색 창에서 수정할 파일을 선택한다.
❸ 하단의 자르기 메뉴를 선택한다.
❹ 원하는 영역을 드래그하여 설정한다.
❺ 저장 혹은 선택 영역 저장으로 변환한 이미지를 저장한다.

자르기를 적용하기 전과 후의 사진 비교 ▼

2 부분 이미지 수정하기

아래 사진과 같이 주변이 지저분해 보이는 등 이미지의 일부를 수정하고 싶을 때 유용한 기능이다. '복제 도장툴'을 이용하여 수정하는 방법으로, 사진 내의 부분 이미지를 도장으로 찍듯이 복제하여, 가리고자 하는 부분을 감출 수 있는 기능이다.

❶ 사진편집 섹션을 선택한다.
❷ 탐색 창에서 수정할 파일을 선택한다.
❸ 하단의 도구 메뉴를 선택한다.
❹ 원하는 부분을 클릭한다.
❺ 가리고자 하는 부분을 클릭(혹은 문지르기) 한다.
❻ 저장 버튼을 눌러 이미지를 저장한다.

부분 이미지 수정하기를 적용하기
전과 후의 사진 비교 ▼

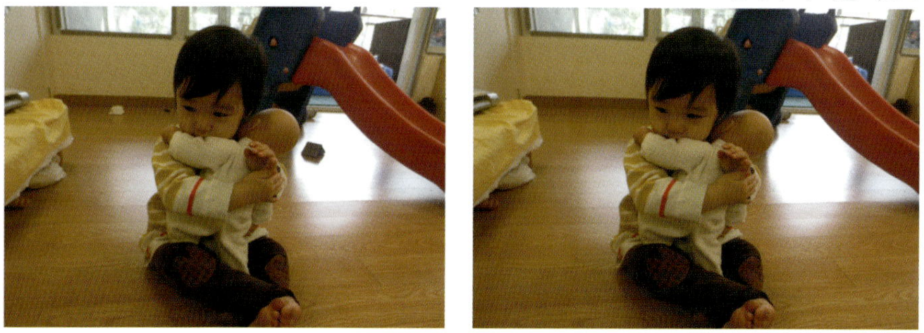

도구 섹션에는 그 밖에도 다양한 기능이 포함되어 있다. 아래 이미지와 표를 참고하여 필요에 따라 다양한 기능을 활용해보자.

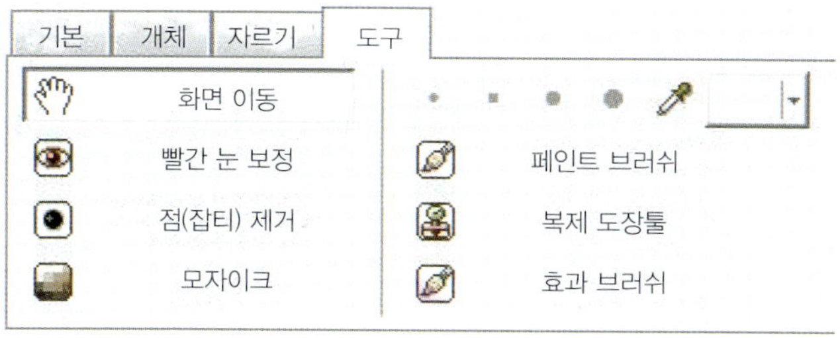

도구명	기능
빨간 눈 보정	플래쉬에 반사되어 붉게 찍힌 눈을 드래그하면 붉은 부분이 자연스럽게 보정된다.
점(잡티) 제거	작은 점이나 잡티에 대고 그 부분을 드래그하면 쉽게 보정할 수 있다.
모자이크	일부 가려야 할 부분을 드래그하면 모자이크 처리가 된다.
페인트 브러쉬	사진에 색을 사용해 그리거나 색을 입힐 수 있다.
효과 브러쉬	클릭하는 부분의 색조, 선명도, 밝기 등을 조정할 수 있다.

사진 편집 외에도 여러 장의 사진을 한 번에 편집할 수 있는 일괄 편집, 애니메이션 만들기 등 다양한 기능이 있다. 사용 방법이 간단하여 별도의 설명 없이 몇 번의 클릭으로도 사용이 가능하므로 전문가가 아니더라도 손쉽게 다양한 편집을 할 수 있다.

포토샵(Photoshop)

일반적인 보정 사진에 '포샵했다'는 말을 할 정도로 포토샵은 널리 알려진 이미지 편집 프로그램이다. 널리 알려진 만큼 보급형 프로그램으로 인식되지만 사실은 전문가용 이미지 편집 프로그램이다. 전문가용 프로그램인 만큼 능숙하게 다루려면 어느 정도의 반복된 경험이 필요하다. 대신에 사용법을 익혀두면 섬세한 이미지 작업을 하기가 좋다.

꽤나 고가의 유료 프로그램이라는 단점이 있지만 인터넷에서 일정 기간 동안 무료로 사용할 수 있는 체험판 프로그램을 다운로드 받을 수 있다. 제조사인 어도비(Adobe)의 공식 스토어에서는 교사 및 학생, 교육기관용 프로그램을 할인된 가격으로 판매하고 있으므로 구매 의사가 있다면 참고 하자.

1 배경 지우기

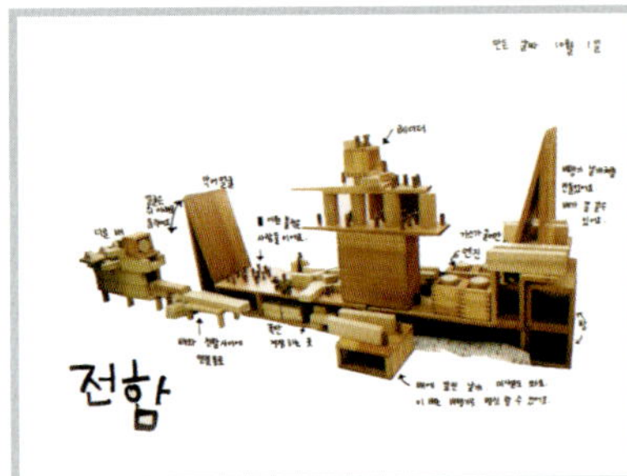

오른쪽 그림은 유아의 블록 작품을 사진으로 기록한 뒤, 배경을 삭제하고 블록에 대한 설명을 덧붙인 예이다. 사진의 배경을 삭제하는 것은 주변으로 시선이 분산되는 것을 막아 대상을 더욱 돋보이게 하며 보는 이로 하여금 내용에 더욱 집중하게 한다. 유아의 작품 사진을 편집할 때 사용하기도 하지만 경우에 따라 인물이나 사물 등 다양한 사진에 적용할 수 있다.

❶ 파일 메뉴의 '열기'를 통해 작업할 사진을 불러온다.
❷ 작업에 알맞은 선택 도구를 클릭한다. 1초 이상 누르면 기본 도구에서 파생되는 도구가 나타나므로 적극 활용한다(p. 45 참조).
❸ 선택한 도구를 사용해 삭제하고자 하는 부분을 선택한다.
❹ 편집 메뉴의 '지우기' 혹은 지우개 도구를 활용해 배경을 지운다.
❺ 파일 메뉴의 '저장'을 통해 작업한 사진을 저장한다. 저장 시 GIF 또는 PNG 형식으로 저장하면 삭제한 배경 부분이 투명하게 저장된다.

◀ 영역이 선택된 모습. 선택 영역의 경계가 점선으로 나타난다.

▼ 배경 삭제 후의 모습. 흰색/회색 격자 무늬는 투명함을 의미한다.

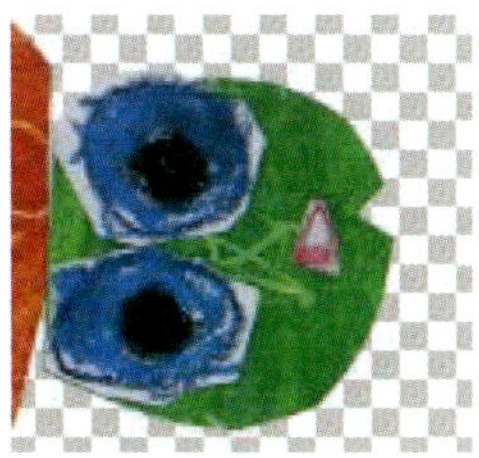

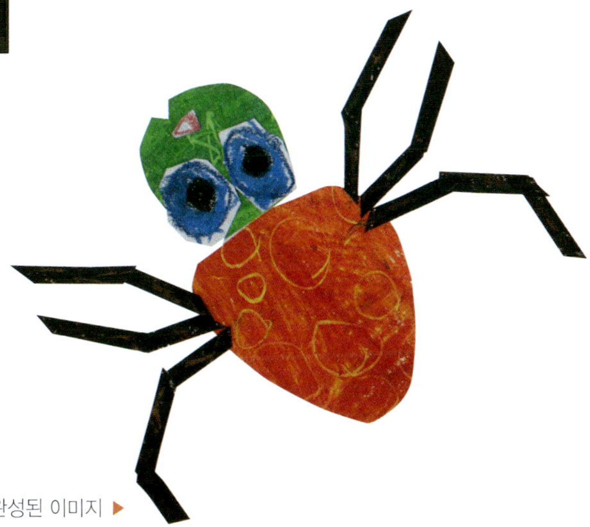

작업 후 완성된 이미지 ▶

2 밝기 조절하기

매번 빛을 고려해서 사진을 찍으면 더할 나위 없겠지만 빛을 등지고 있거나 초점을 잘못 맞추면 사진이 어둡게 찍히기도 한다. 순간은 다시 오지 않으므로 빛을 제외한 다른 요소가 잘 맞아 떨어졌을 때 어둡게 찍힌 사진은 여간 아쉬운 것이 아니다. 하지만 간단한 작업을 통해 어두운 사진도 밝게 조정할 수 있다.

❶ 파일 메뉴의 '열기'를 통해 작업할 사진을 불러온다.
❷ 이미지 메뉴의 '조정>명도/대비' 항목을 선택한다.
❸ 명도/대비 작업창의 삼각 슬라이드를 움직여 수치를 지정한다.
❹ 확인 버튼을 눌러 사진에 수치를 적용한다.
❺ 파일 메뉴의 '저장'을 통해 작업한 사진을 저장한다.

명도/대비 작업창 ▶

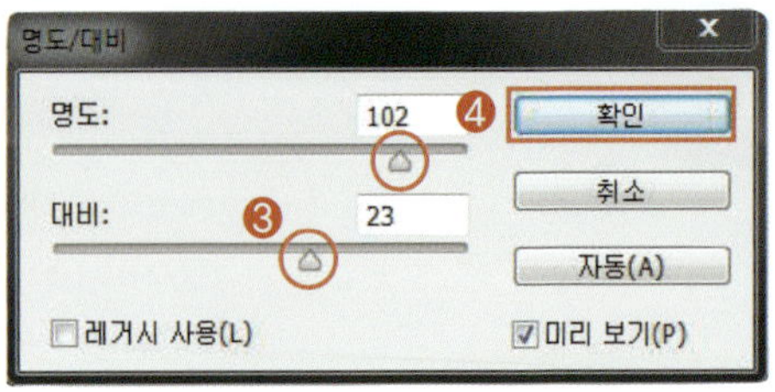

작업 후 완성된 이미지 ▶

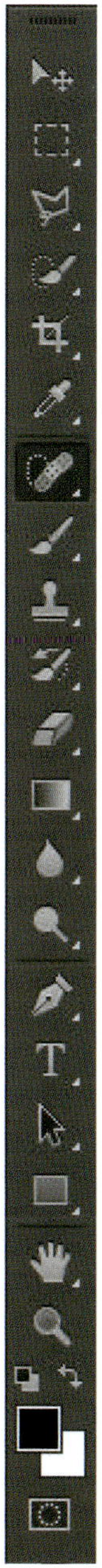

- 이동
- 선택(사각형/원형/단일행/세로행)
- 올가미(기본/다각형/자석)
- 자동 선택(빠른 선택/자동 선택)
- 자르기(기본/원근/분할 영역/분할 영역 선택)
- 스포이트(기본/3D/색상샘플러/눈금자/메모/카운터)
- 복구(스팟 복구/기본/패치/내용 인식 이동/적목 현상)
- 브러쉬(기본/연필/색생대체/혼합)
- 복제도장(기본/패턴)
- 히스토리 브러쉬(작업 내역/미술 작업 내역)
- 지우개(기본/배경/자동)
- 채색(그라이디언트/페인트 통/3D 재질 놓기)
- 블러(흐림/선명/손가락)
- 닷지(닷지/번/스펀지)
- 펜(기본/자유형태 펜/기준점 추가/기준점 삭제/기준점 변환)
- 문자(수평/세로/수평 마스크/세로 마스크)
- 패스(기본/직접 선택)
- 도형(사각형/모서리가 둥근 직사각형/타원/다각형/선/사용자 정의 모양)
- 손바닥(손/회전보기)
- 돋보기

포토샵 기본 화면의 왼쪽에 나열되어 있는 '도구상자'만 잘 활용할 수 있어도 많은 이미지 편집을 할 수 있다. 도구가 하나인 것처럼 보여도 오른쪽 하단에 화살표가 있는 도구의 경우에는 1초 이상 클릭한 채로 기다리면 유사한 기능을 지닌 도구가 2~4가지 정도로 확장된다. 따라서 매우 다양한 도구 사용이 가능하다. 여러 가지 도구 중에서도 이 책에서 소개한 편집 방법에 사용되었던 도구의 기능을 몇 가지 소개하고자 한다.

도구명	기능	
선택	사각형, 원형, 가로줄, 세로줄 형태로 작업 영역을 설정할 수 있다.	
올가미	기본 올가미	마우스로 그리며 영역을 설정할 수 있다.
올가미	다각형 올가미	마우스로 클릭하는 곳을 기준으로 점들을 직선으로 연결하여 다각형의 형태로 설정할 수 있다.
올가미	자석 올가미	시작점을 클릭한 뒤 마우스를 색대비가 이루어지는 곳 근처로 점차 이동시키면 자동적으로 색의 경계를 따라 작업 영역이 설정된다.
자동 선택	빠른 선택	클릭한 채 이미지 위를 지나가면 이동 선상에 있는 유사한 색상 영역을 모두 작업 영역으로 선택한다.
자동 선택	자동 선택	클릭 지점과 유사한 색상 영역을 작업 영역으로 선택한다. 일명 '마술봉'이라 한다.

포토웍스(PhotoWorks)

이 프로그램은 인터넷에서 무료로 다운받을 수 있는 프로그램이다. 다른 프로그램에 비해 프로그램 용량이 매우 작아 다른 작업을 하면서도 편집 작업을 실행하기에 무리가 없어 좋다. 각 이미지의 섬세한 작업보다는 사진 크기를 줄이거나 사진틀을 씌우는 등 일괄적인 작업을 하기에 적합하다.

1 사진 크기 변경하기

디카로 찍은 사진이 너무 커서 웹에 업로드를 하기에 적합하지 않거나, 각 사진의 용량이 커서 보관 용량을 많이 차지하는 경우는 사진 크기의 재조정으로 크기와 용량을 줄일 수 있다.

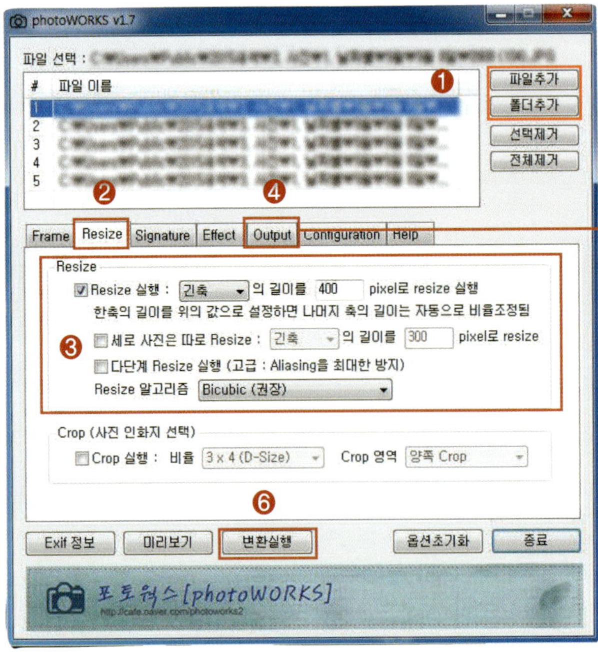

❶ 파일이나 폴더를 추가한다.
❷ Resize 섹션을 선택한다.
❸ Resize 세부 조건을 설정한다.
❹ Output 섹션을 선택한다.
❺ 저장 조건을 설정한다.
❻ 변환실행 버튼을 눌러 변환을 진행한다.

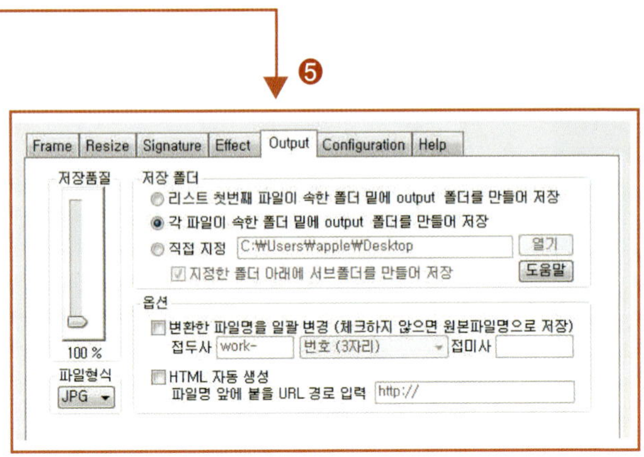

❷ 서명(singature) 삽입하기

기관의 사진을 업로드 하거나 다른 곳에 사용하는 경우, 무단 도용이 우려되거나 재편집을 막고 싶다면 사진 내에 서명을 남겨보자. 사진 내에 그 출처가 나타나므로 다른 곳에 사용되더라도 출처를 명확히 할 수 있고, 재편집이 어려워지게 된다.

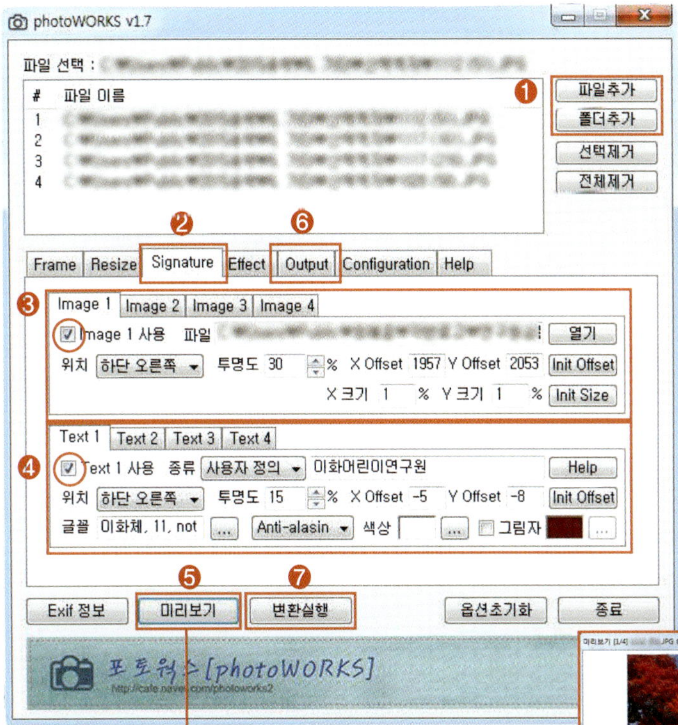

❶ 파일이나 폴더를 추가한다.

❷ Signature 섹션을 선택한다.

❸ 서명을 넣을 사진 탭을 선택한 뒤, 동그라미 안의 제크 박스에 표시 후 '열기'를 통해 그림을 삽입한다.

❹ 서명을 넣을 사진 탭을 선택한 뒤, 동그라미 안의 체크 박스에 표시 후 삽입할 문구를 입력한다.

❺ 미리보기 버튼을 눌러 적용된 이미지를 미리 확인한다. 이때 미리보기 창에서 이미지 크기 조절이나 글과 이미지의 위치 조정이 가능하다.

❻ Output 섹션을 선택하여 저장 조건을 설정한다.

❼ 변환실행 버튼을 눌러 변환을 진행한다.

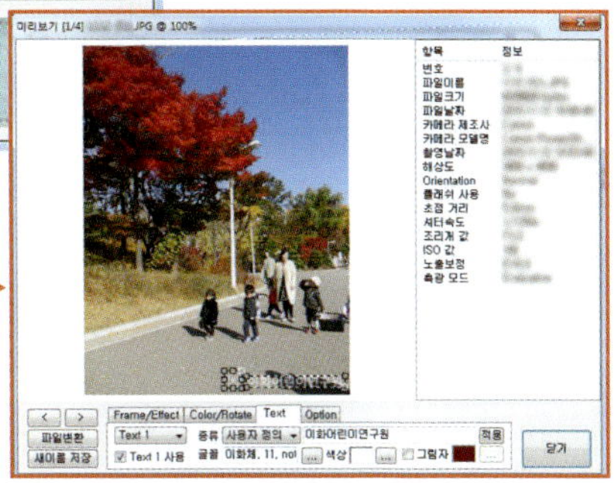

작업 후 완성된 이미지 ▶

알씨(ALsee)

포토웍스와 마찬가지로 무료로 사용할 수 있는 프로그램이다. 많은 양의 사진에 대한 작업뿐만 아니라 각각의 사진에 대한 다양한 보정 작업을 하기 편하다. 특히 '알씨 꾸미기'의 경우는 이미지 편집 방법이 쉽고 간편할 뿐만 아니라 크기 변경, 자르기, 색 조절을 비롯해 도장, 적목 제거, 수평맞춤까지 다양한 이미지 보정 기능을 제공한다.

알씨 외에도 바이러스 검사 프로그램 , 파일 압축 프로그램, 실시간 바이러스 검사 프로그램 등 다양한 제반 프로그램이 있어 활용하면 좋다.

▲ 알씨 기본 화면. 하단의 '꾸미기'를 클릭하면 알씨 꾸미기 화면이 생성된다.
바탕 화면의 바로가기 아이콘으로도 실행 가능하다.

▲ 알씨 꾸미기의 기본 화면

1 사진 용량 변경하기

매일 찍은 사진이 누적되다 보면 보관해야 하는 사진의 양도 점차 늘어나게 된다. 사진이 많은 용량을 차지하게 되면 다른 파일을 저장할 공간도 부족해질 뿐만 아니라 높은 용량의 사진들은 각 사진을 불러올 때마다 오랜 시간을 필요로 한다. 따라서 사진을 보관할 때에는 적절한 용량과 크기로 보관하는 것도 매우 중요하다 할 수 있겠다.

❶ 파일 메뉴 혹은 추가 버튼을 이용해 파일을 추가한다.
❷ 작업할 사진을 선택한다.
❸ 크기 변경 섹션을 설정한다.
❹ 크기 및 용량 변경 방법을 설정한다.
❺ 현재 파일 변경 혹은 모든 파일 변경 버튼을 통해 파일을 저장한다.

Tip. 저장 용량

사진의 사용처에 따라 사진의 크기나 용량이 달라지겠지만, 통상적으로 각 사진을 500KB 정도로 저장한다면 대부분의 문서 작업에 무리가 없다(물론 크게 출력할 사진이라면 원본 그대로 보관하는 것이 가장 좋다.).

2 수평 맞추기

기울어진 사진의 경우는 '제1장'에서 언급했던 것과 같이 불안한 느낌을 준다. 이러한 사진은 약간의 회전과 함께 수평을 맞추어 주면 훨씬 안정적으로 보이게 된다. 기울기가 많이 기울어지지 않았다면 수평맞춤 기능을 활용해 보자. 더욱 안정적인 사진으로 탈바꿈할 것이다.

❶ 파일 메뉴 혹은 추가 버튼을 이용해 파일을 추가한다.
❷ 작업할 사진을 선택한다.
❸ 수평맞춤 섹션을 설정한다.
❹ 왼쪽 혹은 오른쪽으로 레버를 움직여 사진을 회전할 각도를 설정한다.
❺ 수평맞춤 버튼을 이용해 회전을 적용한다.
❻ 모두저장 버튼으로 변경 사항을 저장한다.
❼ 저장 세부 사항을 설정한다.
❽ 확인 버튼으로 저장한다.

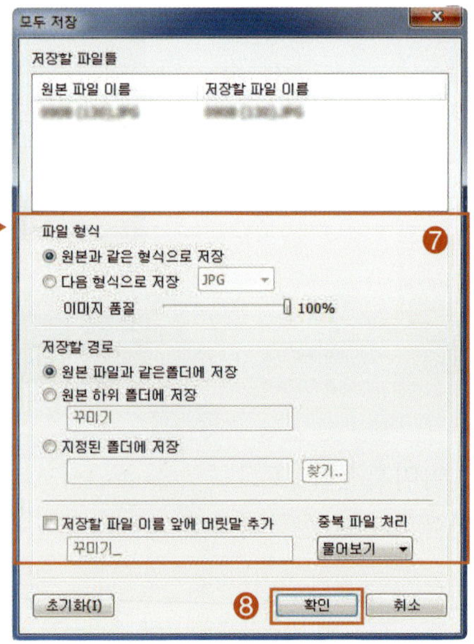

문서 편집 프로그램

이미지를 다루는 프로그램이 부담스럽다면 문서 프로그램을 활용해보자. 최근에는 문서 프로그램도 상당한 이미지 편집 기능을 가지게 되었다. 이미지의 밝기 조정, 자르기와 같은 단순한 편집 작업을 비롯해서 특별한 색이나 배경을 없애는 기능까지 활용할 수 있는 기능이 상당하다.

영유아교육기관에서 흔히 사용하는 프로그램을 위주로 몇 가지 편집 기능을 소개한다. 리본 메뉴(프로그램 화면 상단의 아이콘으로 보여지는 메뉴 바)에 추가된 아이콘을 클릭하는 것만으로도 충분히 편집할 수 있을 정도로 방법도 매우 쉬운 편이다.

한글

국내에서 사용되는 가장 대표적인 문서 프로그램이다. 기본적인 문서 작업에 많이 사용되지만, 간단한 이미지 편집이 가능하다. 특히 최근에 발표된 '한글 2014'에서 이미지 편집 도구가 많이 보완되어 이전보다 다양한 이미지 편집이 가능하게 되었다.

1 자르기

이미지 편집 프로그램을 통해서도 소개한 편집 기능이지만, 문서 내에 간단하게 삽입할 사진이라면 문서 프로그램 내에서 편집하는 것이 훨씬 빠르고 간편하다.

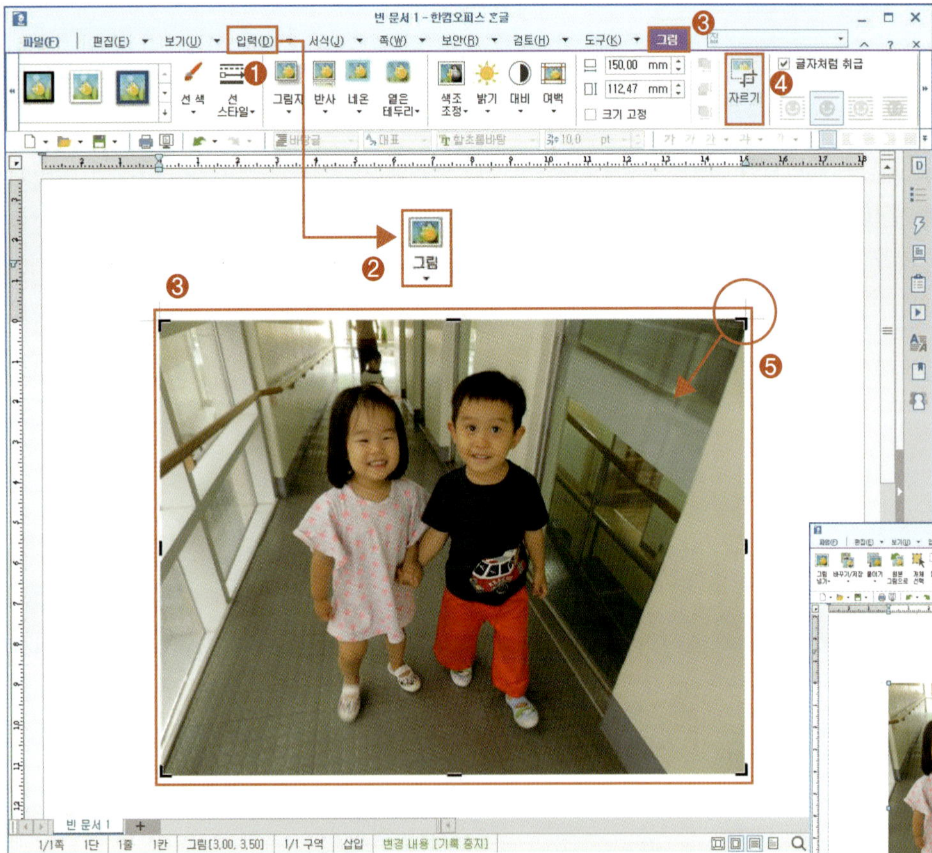

❶~❷ 입력 메뉴의 그림 아이콘을 통해 작업할 사진을 불러온다.

❸ 그림을 클릭한다(그림 메뉴 활성화).

❹ 리본 메뉴의 자르기 아이콘을 클릭한다.

❺ 마우스를 모서리 혹은 가장자리에 가져가 마우스 커서 모양이 바뀌면 드래그하여 원하는 사진 크기로 변형한다.

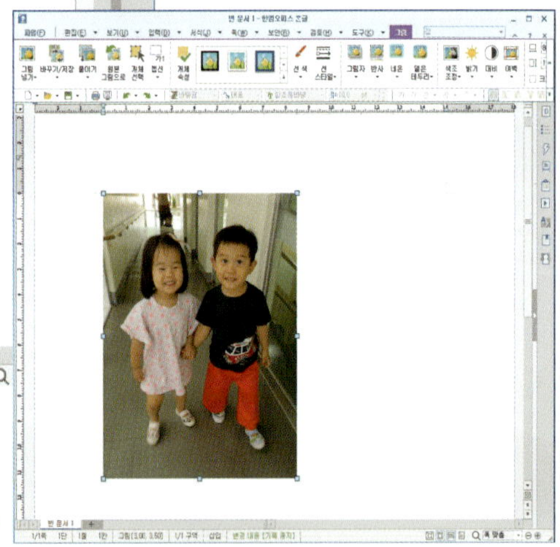

편집 후의 모습 ▶

Tip. 좀 더 빠르게 자르기

리본 메뉴를 사용하지 않더라도 간단하게 자르기를 실행할 수 있다. 사진을 클릭한 후 키보드의 ⇧Shift를 눌러보자. 그림의 가장자리 점의 모양이 바뀌는 것을 볼 수 있을 것이다. ⇧Shift를 누른 채로 모서리를 드래그해 보자. 순식간에 자르기를 실행할 수 있다.

2 개체 묶기

여러 장의 사진을 삽입하다가 문서 내에서 사진이 따로따로 움직이며 글을 방해하는 것을 경험해 본 일이 있을 것이다. 이때 여러 장의 사진을 한 장으로 묶어서 하나의 개체로 인식하게 한다면 작업이 좀 더 수월해진다.

편집 후의 모습 ▶
3장의 사진이 1개의 개체로 묶여
사진 모서리의 점 개수가 줄었다.

Tip. 단축키 활용하기

대부분의 문서 프로그램에서는 사용자의 편의를 위해 다양한 단축키를 통해서 작업의 효율성을 높이고 있다. 아래의 표를 참고해서 이미지 편집에 필요한 몇 가지 단축키를 사용해 보자. 작업 속도가 훨씬 빨라짐을 느낄 수 있을 것이다.

기능	단축키	기능	단축키
되돌리기	Ctrl + Z	지우기	Ctrl + Z
다시 실행	Ctrl + Shift + Z	개체 묶기	G
복사하기	Ctrl + C	개체 풀기	U
붙이기	Ctrl + V	그림 자르기	Shift + 모서리 중심으로 드래그
오려두기	Ctrl + X	개체 속성 보기	P

Tip. 사진 용량 조절하기

한 문서 안에 사진이나 그림이 많이 들어갈 경우에는 문서의 용량이 증가하여 프로그램이 원활히 구동되지 않기도 한다. 이럴 때는 그림 리본 메뉴의 '줄이기' 기능을 활용해 보자. 문서 전체의 사진에 대해 용량을 줄여줌으로써 프로그램 사용이 훨씬 수월해진다.

▲ 그림 리본 메뉴의 모습. 줄이기 항목을 통해 사진의 용량을 조절할 수 있다.

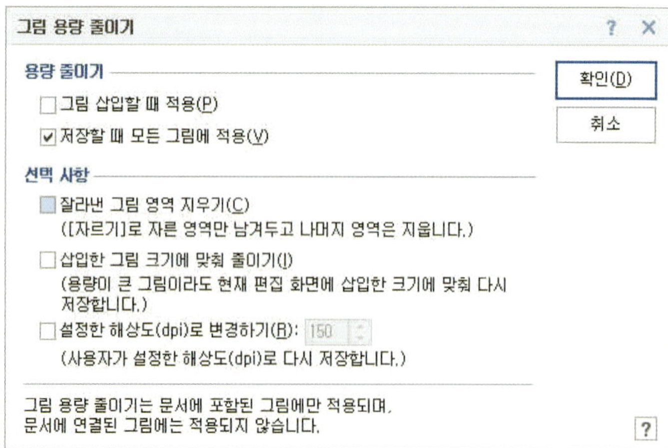

▲ 그림 용량 줄이기의 세부 항목 창. 필요에 따라 옵션을 선택하면 된다.

파워포인트(PowerPoint)

문서 편집 프로그램이라기보다는 프레젠테이션을 위한 프로그램이지만 교육 현장에서도 다양하게 활용되고 있는 프로그램이다. 이미지 편집 프로그램만큼은 아니지만, 다양한 시각 정보를 효과적으로 전달하는 프로그램인 만큼 이미지 편집도 다양하게 할 수 있다.

1 밝기 조정하기

프레젠데이션에 사진을 넣다가 어두운 사진을 발견했을 때, 중간에 이미지 편집 프로그램을 켜서 보정 작업을 하기는 매우 번거로운 일이다. 때문에 자주 사용하게 되는 기능 중의 하나가 바로 밝기 조정이다. 물론 한글에서도 같은 작업이 가능하나 파워포인트의 밝기 조정이 좀 더 섬세한 편이다.

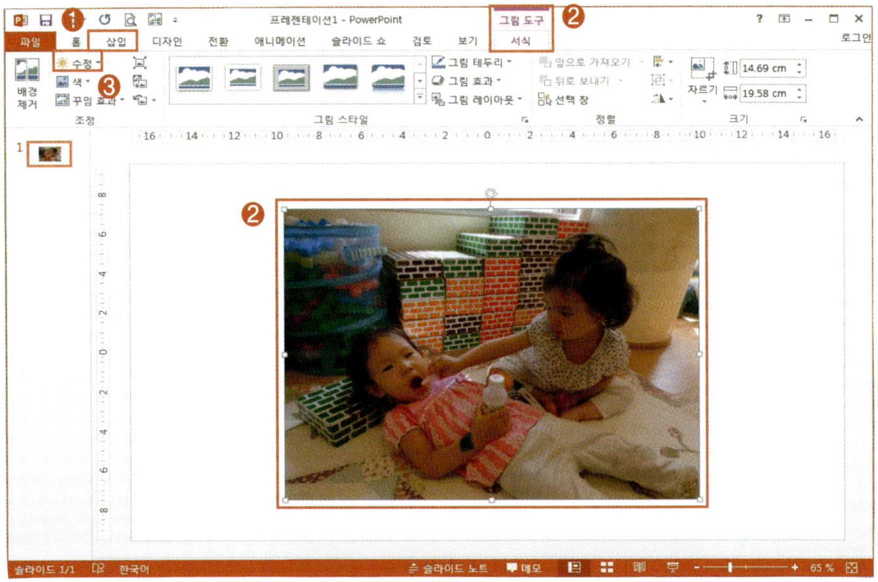

❶ 삽입 메뉴를 통해 사진을 불러온다.

❷ 불러온 그림을 클릭한다(그림 도구 메뉴 활성화).

❸ 그림 도구 메뉴의 수정을 클릭하여 원하는 밝기를 선택한다.

▼ 밝기 조정 후의 모습

2 배경 삭제하기

이 책에서 소개한 이미지 편집 프로그램 중에서도 전문가용 프로그램인 포토샵에서만 사용할 수 있었던 기능인 '배경 삭제하기'는 은근히 사용할 일이 많지만, 포토샵 사용이 어려워 고민이었다면 파워포인트에서 시도해 보자. 비록 포토샵만큼 섬세하게 작업하기는 힘들겠지만 간편하게 유사한 효과를 낼 수 있다.

❶ 삽입 메뉴를 통해 사진을 불러온다.
❷ 불러온 그림을 클릭한다(그림 도구 메뉴 활성화).
❸ 그림 도구 메뉴의 배경 제거를 선택하여 배경 제거 리본 메뉴를 활성화한다.

배경 제거 리본 메뉴 ▶

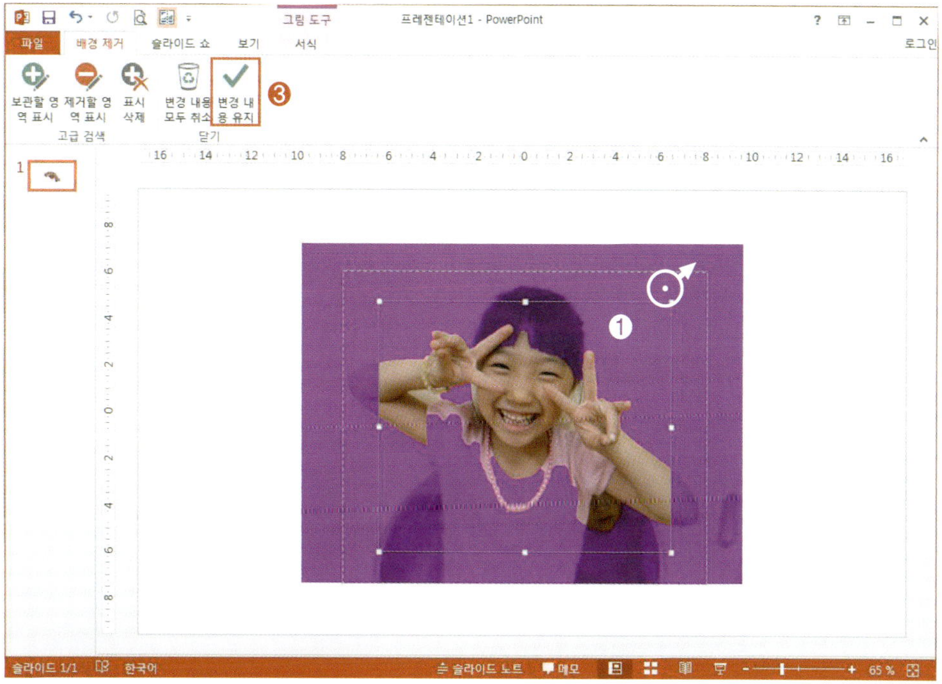

❶ 임의 설정된 영역에서 대상 영역을 조절한다.

❷ 보라색 영역이 삭제되는 부분이므로 리본 메뉴의 '보관할 영역 표시' 도구와 '제거할 영역 표시' 도구를 활용하여 보일 부분과 감출 부분을 설정한다.

❸ 변경 내용 유지 항목을 선택하여 작업을 완료한다.

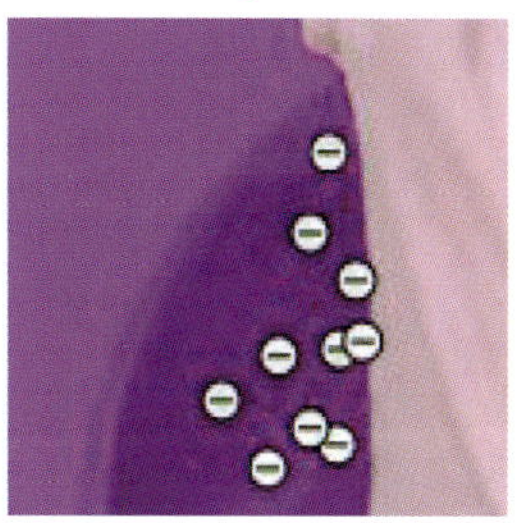

▲ 확대된 대상 영역에 도구를 사용해 영역을 설정한 모습

◀ 제거할 부분을 표시한 모습

작업이 완료된 모습 ▶

Tip. 특정 색상 지우기

배경이 복잡하지 않고 단순한 경우에는 그림 도구 리본 메뉴의 색 항목에서 '투명한 색 설정' 기능을 이용해 보자. 기능 선택 후 클릭 한 번을 통해 해당 색을 모두 투명하게 삭제해 준다.

제4장

좋은 사진 선별하기

좋은 사진 선별하기

지금까지 이전보다 좋은 사진을 찍는 방법, 효과적으로 편집하는 방법을 알아보았다. 그러나 모든 사진이 좋은 사진이기는 어렵고 모든 사진을 편집할 수는 없다. 이제는 여러 장의 사진 중에서 가장 좋은 사진을 고를 차례이다. 여러 장의 사진 중에서 가장 좋은 사진을 골라보자.

물론 사진을 고르는 데에도 요령은 있다. 몇 가지 기준을 마련하여 사진을 선별하면 많은 사진 중에서도 필요한 사진을 효과적으로 선별할 수 있다. 특히 비슷한 사진이 여러 장일 때, 명확한 기준이 있다면 사진을 선별하는 시간이 단축되는 효과도 있다.

이제부터는 사진을 선별하는 몇 가지 기준을 제시하고자 한다. 다음의 기준을 기억한다면 사진을 선별할 때도 도움이 되겠지만, 사진을 찍거나 편집을 할 때에도 도움이 되리라 생각한다.

얼굴 및 신체 부위의 잘림

상황만으로는 매우 의미 있는 사진. 그러나 영유아의 얼굴이 절반밖에 찍히지 않았다. 얼굴은 다른 신체 부위보다 매우 예민한 부분이므로 가급적이면 얼굴이 잘 보이는 사진을 선택하자. 또한 목, 손, 발 등 가급적 신체 부위가 어색하게 잘려서 찍힌 사진이라면 과감히 포기하거나 편집을 시도하는 것이 낫다.

Tip. '자르기'를 통해서 잘린 영유아의 얼굴이 나오지 않게 하자. 다른 영유아의 얼굴이 너무 많이 잘렸다면 아쉽지만 그 사진은 포기하는 것이 낫다.

인물의 확인

영유아에게 아주 의미있는 순간이다. 그런데 얼굴이 팔이나 머리카락, 다른 도구에 가려 전혀 보이지 않는다. 혹은 완전히 뒤돌아서 아무것도 보이지 않는다.

교육 활동을 소개하는 과정에서는 일부 사용이 될 수도 있으나 가급적이면 영유아의 얼굴이 보이는 사진을 활용하도록 하자. 해당 상황이 정말 의미 있을 수도 있지만 영유아의 표정이 함께 보이는 유사한 사진이 있다면 더욱 의미 있는 사진이 될 것이다.

흔들림

사진의 초점이 맞지 않아 흐리거나 영유아의 움직임이 빠른 탓에 흔들린 사진! 이러한 사진은 과감하게 삭제하도록 하자. 누구인지, 무엇인지 정확히 분별이 되지 않기 때문에 가지고 있어도 활용할 수가 없다.

배경

영유아가 정말 재미있게 놀이하는 순간을 찍었다. 그런데 놀잇감이 주변에 너무 많이 늘어져 있거나, 쓰레기가 주변에 늘어져 있는 경우는 그 적나라한 모습에 사진을 사용하기 민망해진다. 또한 정리되지 않은 지저분한 영유아의 개인장이 찍혔거나, 교사장 위가 지저분하다면 마찬가지! 가급적 주변이 정돈된 사진을 사용하자.

목적

단계별 사진을 찍느라 순간순간 사진을 찍기는 했는데 대체 왜 찍었는지 기억이 나지 않는다면 과감히 포기하자. 사진은 시각화 자료이기 때문에 눈으로 보았을 때 어떤 내용인지 짐작이 가능해야 한다.

영유아의 신변

의미 있는 영유아의 모습. 그러나 영유아의 얼굴에 콧물이 흘러내리고 있거나 머리가 매우 헝클어져 있다. 이러한 사진을 사용할 경우에는 학부모의 마음을 상하게 할 수도 있다. 뛰어난 합성 기술로 사진을 편집할 자신이 없다면 가급적 영유아의 신변이 정리되어 있는 사진을 사용하도록 하자.

노출

다 함께 찍은 단체 사진. 그런데 가장 앞에 앉아 있는 여아가 다리를 접고 앉으며 원피스 속의 속옷이 적나라하게 찍혔다면, 혹은 유아들이 수영복을 입고 물놀이를 하는 사진에 유아가 수영복을 잡아당겨 신체의 일부가 너무 많이 보였다면 과연 이 사진을 사용할 수 있을 것인가. 이러한 신체의 노출 정도도 사진을 선택할 수 있는 기준이 될 수 있다.

적목 현상

최근 디지털 카메라는 플래시를 터뜨리지 않아도 실내에서 비교적 밝게 사진을 찍도록 도와준다. 그러나 간혹 자동모드에서 플래시가 작동되기도 하고, 필요에 의해 플래시를 작동시키게 되기도 한다. 플래시를 터뜨리면 어두운 곳에서도 사진이 잘 찍히기는 하나, 인물을 플래시로 촬영하는 경우는 인물의 눈에 플래시가 반사되어 빨갛게 보이는 '적목 현상'이 나타난다. 적목 현상이 나타난 사진은 언뜻 보면 무서운 감정을 들게 하므로 가급적 사용하지 않는 것이 좋다.

Tip. 적목 현상은 비교적 쉽게 편집할 수 있다. 편집 프로그램 중 '포토스케이프', '포토샵', '알씨' 등에서 해당 현상을 쉽게 편집할 수 있는 기능을 제공하고 있다. 다른 편집 과정에 비해 어렵지 않게 할 수 있으니 초보자라도 도전해 보자.

저자소개

김희진

현 이화어린이연구원 원장, 이화여자대학교 유아교육과 교수

박은혜

전 이화어린이연구원 원장, 이화여자대학교 유아교육과 교수

최혜윤

현 이화어린이연구원 교사

이화여자대학교 이화어린이연구원 총서 5
영유아교육기관에서 좋은 사진 찍기

초판 1쇄 인쇄 2016년 4월 22일
초판 2쇄 발행 2020년 11월 5일

지은이_ 김희진 · 박은혜 · 최혜윤
펴낸이_ 황호철
펴낸곳_ 도서출판 파란마음
주소_ 04315 서울시 용산구 백범로90라길 47 | 전화_ (02) 3275-2110~1 | 팩스_ (02) 3275-2199
홈페이지_ http://paranmaum.co.kr/
등 록_ 2006년 4월 24일 · 제302-2006-00024호

ISBN 978-89-97982-42-4 93370
값 6,000원